AF509287

LA QVERELLE

ARRIVEE, ENTRE LE Sr.

TABARIN ET

FRANCISQVINE SA
femme, à cause de son
mauuais mesnage.

*Auec la sentence de separation contr'eux renduë
pour ce subiet.*

A PARIS,

Chez Iean Hondenc, demeurant ruë St. Seuerin. Iouxte la copie Imprimée à
Nancy par Iacob Garnickh.

1622.

LA QVERELLE DE TABA-
rin *& de Francisquine, auec la sentence de separation côtr'eux renduë pour ce subiet.*

COMME il n'y a rien de si chatoüilleux au bas du vé-tre d'vne femme, ny qui puisse mieux luy faire fre-tiller les mentibules de la matrice qu'vn demy pied de la viue res-semblance du Laboureur de nature, de mesme en faict Ie Seigneur Tabarin, homme de qualité & respect, *in vtroque iure, scilicet,* d'yurongnerie, de gausserie *& sic de ceteris,* n'ayant plus pour object ny pour rebut qu'vn demy grain d'hon-neur dãs l'Antichambre de sa conscien-ce, considerant que la fortune des pu-tains est semblable aux exalaisons de la Terre qui s'aneantissent par les moin-

A ij

dres rosees, en fin touché de ce vif espe-
ron, voyant que la Dame Francisquine sa femme n'aquestoit rien en son
Mestier que des heritages, dont les lots
& ventes se payoient aux Chirurgiens,
& qu'au bout de l'an il ne se trouue au
poulailler que bestes a fourrage, comme poulains, Foynes & autres, dont la
nourriture enuoye son possesseur à
l'Hospital: il fut resolu de luy faire vne
leçon en trempant les souppes, portant
ses mots: Ma mie, ma fille, Francisquine, foy de Corporal ie suis homme
d'honneur, ie suis le dernier & le premier fils de putain de ma race, vous
estes du Mestier, il y a plus de trois se-
maines, vous sçauez que i'en ay le cou-
rage offencé iusques au creuer : croyez
moy, ie vous en prie, i'ayme mieux ac-
croistre l'ordinaire de demy septier de
picotte & vn plat Ioute fricassee, que de
vous voir plus ainsi rauder tantost d'vn

cofté, tantoft de l'autre, vous fçauez
quel profit vous auez eu chez le Sieur
Piphagne, & quel honneur i'ay re-
ceu depuis que vous couchaftes chez le
Sieur Lucas, la Ballaffree vous dit bien
ce qui en eftoit, la petite Gafconne n'a-
uoit garde, veu l'amitié qu'elle me por-
toit, de vous retirer en fon logis : pour
le Marchand, e!le eft trop fine de par le
Diable, pour laiffer culterplus hault d'v-
ne heure en fa Chambre, fi s'eftoit Alix
à la veritépartant que fon drolle en euft
iufques au gofier, elle aymeroit mieux
rompre la Table, afin qu'on fift la colla-
tion fur la Couchette.

Vous voyez, ma fille, comme ie co-
gnois toutes ces perfonnes-là, he! de par
Dieu, ie fçay trob bien qu'en vaut l'au-
ne, en l'année mil fix cens quinze, pour
auoir defcouché d'aupres des coftes de
la feuë Bragardiffime Culotte ma pre-
miere femme, de quoy ie n'en fçaurois

parler que ie n'aye la larme à l'œil, car ie
vo° affeure que ie l'aymois plus, qu'vne
Truye ne fait la merde : ie m'en allay au
logis de la grand Toumine, ou ie fis vne
merueilleufe rencontre.

Premierement, i'y trouuay fon mary
qui faifoit affez de l'entendu pour vn
Maquereau, il fe rondinoit, il fretilloit
deffus fon lict, fans auoir efgard à ma
qualité, il chatoüilloit toufiours pour fe
faire rire, mais à la fin quand il eut con-
templé & confideré les traits de mon vi-
fage, par les plis de mon haut de chauffe
il commença de dire à vne Damoifelle
coiffee de nuict, retitez vous auec Mon-
fieur, ce qu'entendant, & ne defirant de
perdre temps, ie l'empoignay & la con-
duits en vne Garderobbe, ou il y auoit
plus de poux, de puces, & de punaifes,
qu'il n'a de iours en quatre ans.

Ie croy ma chere amie, quand vous
fortez de ceans, pour aller coucher en

Ville, que vous n'auez gueres de plaisir
d'auantage : car si d'vn costé vous re-
muez le cul (ainsi que si vous y auiez vn
plain boisseau de fourmis) d'auantage,
ce vous est vn grand mescontentement
d'estre attaquee deuant, derriere, dessus
dessouz, demy-tour à droit, demy-tour à
gauche, & encores qui pis est, estre au
hazard du guet.

Ces remonstrances, Francisquine,
sont maritales, i'ay plus de trois mois d'â-
ge que vous, cedez à la vieillesse, & au
respect que vous me deuez.

Ce n'est point que ie sois ialoux que
vous passiez le temps ioyeusement, mais
il me desplaist de vous voir, tantost vne
entrappe icy, vne maladie là, & subiette
en fin aux *Fratres de l'Espature*, & outre
ce qu'on me saluë auec deux doigts,
comme si ie portois vne Aigrette à dou-
blebranche.

Francisquine. Mercy Dieu Cornard,

BIBLIOTHÈQUE

double Iennin, eſt-il temps de fermer
la porte quád les Cheuaux ſont eſchap-
pez? Le premier iour de nos nopces,
(qui eſtoit dernierement) quand ie te
demanday conſeil, comment ie deuois
me gouuerner, tu me dis à ma volonté,
(ce qui me pleut grandement) & main-
tenant tu me réuoye de Caïphe à Pilate,
tu me conte des Fagots pour des Cot-
treſts: Va, va, de par le Diable, va t'en
querir du vin, cependant que ie me
diſpoſeray a manger mon potage,
tout ce que tu me conte ne me fait qu'e-
ſtourdir la teſte & rompre le cul : Si ces
vieux Courtiers ou Maquignons d'a-
mour (dont tu me parles) ne ſont point
de mes amis. I'ay ma Commere la Sali-
gotte qui demeure à ces Mareſts du
Temple qui ne s'enqueſte de rien, elle
tient logis pour les filles à part,& quand
quelqu'vne de ſa cognoiſſance y vient,
comme moy, & d'autres qui ſont fort
affables, car pour mon regard, i'ay le
cœur

cœur doux comme vne liure de beurre de Vanue, elle nous fait du plaifir & de la courtoifie, d'autre-part fi elle n'auoit befoin de mon ouurage, & qu'elle euft trop de moiffonneufes : Madame de la Quille ne faut ne manque.

Tabarin. Foy de Corporal tu es vne grande fotte, ie voy bien que tu abufes du tout de ma bonté : He ! de par Dieu, fi ie t'ay lafché la bride furle col, ce n'e-ftoit point pour te faire declarer la femme de Tabarin, ains eftoit feulement pour te faire renouueller ton laict & ra-fraifchir le fang.

Francifquine. Vrayment tu me la baille belle, vois-tu, Tabarin depuis qu'vne fille ou vne femme à fait attacher qua-tre jabons à vne cheuille, ceft a dire laif-sé aller le chat au fromage, il n'y a mo-yen d'en faire reuenir la pelure.

Tabarin. He ! comment ? Francif-quine, tu veux donc eftre toufiours putain?

Francisquine. Puisque ie ne sçay point de meilleur mestier, selon le conseil de mon Compere Lucas & du Pere Pipha-gne mon Maistre, ie suis d'aduis de m'y tenir, car au changement, i'ay tousiours ouy dire qu'on ne gaigne pas beaucoup, cest vn commun prouerbe : demandez ce qui en est a ceste petite esseruellée de Tabarette vostre Cousine germaine, faisant son domicile du Port au Foin, qui fit venir ses mois sur vne touffe d'herbe à my les champs à deux lieuës d'icy, ie m'asseure qu'elle dira que le goust en est delicieux.

Tabarin. Ie sçay bien Francisquine, qu'elle est assez affrontée pour m'asseu-rer que la liberté est requise aux filles, mais neantmoins sa mere s'en plaint fort.

Francisquine. Tu te plains aussi de moy, & si ie ne m'en soucie gueres, car il y a plus d'apparence à luy faire manger du pain bis, qu'a moy de faire boire de l'eau,

Tabarin. Ce n'eſt pas de cela que ie parle, ie dis en vn mot que ie veux & entens que tu ſois d'oreſnauant femme de bien.

Franciſquine. Pauure Badin, tous les commencemens ſont rudes, & qui pis eſt, ie ne veux iamais changer.

Sur cela Tabarin enfla la gibeciere de ſon couroux, & ſoupçonnant que Franciſquine, pendant ceſt entretien, luy auroit jouè quelque tour de Maiſtre Gonin, il commence à ietter Pot, plats, potages & Eſcuelles ſur le plancher, caſſa les verres, & print vn baſton pour la frotter, à quoy il euſt longuement trauaillé, ſans le ſecours de la Mere-grand de Griſigoulin appellee la vieille Guergoüille qui mit la teſte à la feneſtre, & qui en meſme temps vint au ſecours, apportât vn piſtolet tout amorcé, dont vn Gentil-homme fut bleſſé pour lors par derriere à moſ.

C'eſtoit vn grand creue-cœur à Franciſquine, de ſe voir ainſi traicter, apres vn ſi long temps qu'elle frequentoit le Bordel ſoubs les auſpices de ſon mary : Auſſi nevoulant permettre qu'vn tel affront tint lieu de Loy, pour ceux qui conſentent d'ordinaire la desbauche de leurs femmes.

Elle fit aſſébler les plᵘ fameuſes (au fait de cultage) ſleur conta & raconta leurs differends, & ſa reſolution la portant du tout au diuorce, elle les embouſcha les oreilles auec tant d'animoſité, que quand il fut queſtion de comparoir deuant le Iuge, le pauure Tabarin demeura auec vn pied de nez, & deux & demy de Cornes.

Tellement qu'apres toutes leurs remonſtrances de part & d'autre ſinterrogatoires secrettes à ce subiet, recollemés & confrontations des tesmoins pro-duits de la part de Frácisquine, cóclusiós par elle fournies, & deffences au contrai-re de Tabarin. Le tout veu & consideré, Il fut dit : Attendu l'vsage, longue iouïs-sance & droits de seruitudes prescripts, pour les bons & agreables seruices ren-dus par Francisquine à quelques des-bauchez Citoyens de la republique, ioint la licence presque immemoriale, concedee gratuitement par Tabarin à Francisquine sa femme, ladite Francis-quine iouyra plainement & paisiblemét des fruicts, reuenus & esmolumens de son Deuant, sans qu'aucun la puisse in-quieter par-cy apres, à peine de l'amen-de, tant en demandant qu'en deffendát.

Defendons audit Tabarin de la han-ter ny frequenter, si ce n'est auec tout respect & obeissance, comme de valet à maistre.

Et pour l'impudence& les exceds par
luy commis, l'auons separé & separons
d'auec ladite Francisquine sa femme, de
corps & de biens, comme incapable
d'entretenir le fait de Cornardise, & outre l'auons condamné és despens de la
presente instance. Ce qui fut prononcé
& publié le premier Lundy du mois
que les mousches piquent, tandis que
les Sauetiers prenent leur bouillon.

F I N.

BIBLIOTHEQUE NATIONALE IMPR.

www.ingramcontent.com/pod-product-compliance
Lightning Source LLC
LaVergne TN
LVHW011927170726
843501LV00011BA/4246